青少年橄榄球训练大纲

袁　峰　朱培厚　贺忠亮　主　编

中国农业大学出版社
·北京·

内 容 简 介

本书主要介绍现代英式七人制橄榄球运动的项目特点与发展趋势、各年龄组训练教学任务、训练内容纲要、青少年橄榄球项目竞赛组织等，以讲述技术、战术为主，覆盖面广，旨在规范青少年橄榄球尤其是英式橄榄球初学者的动作，提高初学者球类运动意识，增强自我保护能力，并为今后高质量持续发展打下坚实基础，同时对橄榄球项目的推广和普及具有重要的参考价值。

图书在版编目(CIP)数据

青少年橄榄球训练大纲 / 袁峰，朱培厚，贺忠亮主编．--北京：中国农业大学出版社，2024.3(2025.2 重印)

ISBN 978-7-5655-3202-3

Ⅰ.①青… Ⅱ.①袁… ②朱… ③贺… Ⅲ.①青少年—橄榄球运动—运动训练 Ⅳ.①G849.2

中国国家版本馆 CIP 数据核字(2024)第 064594 号

书　　名　青少年橄榄球训练大纲
　　　　　Qingshaonian Ganlanqiu Xunlian Dagang

作　　者　袁　峰　朱培厚　贺忠亮　主编

策划编辑　魏　巍　　**责任编辑**　魏　巍
封面设计　李尘工作室
出版发行　中国农业大学出版社
社　　址　北京市海淀区圆明园西路 2 号　　**邮政编码**　100193
电　　话　发行部 010-62733489,1190　　读者服务部 010-62732336
　　　　　编辑部 010-62732617,2618　　出　版　部 010-62733440
网　　址　http://www.caupress.cn　　**E-mail** cbsszs@cau.edu.cn
经　　销　新华书店
印　　刷　北京锦鸿盛世印刷科技有限公司
版　　次　2024 年 6 月第 1 版　　2025 年 2 月第 2 次印刷
规　　格　130 mm×185 mm　　32 开本　　3.125 印张　　68 千字
定　　价　26.00 元

编 写 人 员

主　编　袁　峰（中国农业大学）

　　　　朱培厚（中国农业大学）

　　　　贺忠亮（中国农业大学）

参　编　（按姓氏拼音排序）

　　　　丁　剑（魏县第一中学）

　　　　公　卉（宁波财经学院）

　　　　何毓健（重庆市江北巴川量子学校）

　　　　姜旭明（中国农业大学）

　　　　刘　超（重庆市巴南区体育局）

　　　　时永进（中国农业大学）

　　　　徐　辉（中国农业大学）

　　　　于　凯（烟台市自行车橄榄球运动中心）

　　　　张景奎（泗县体育运动学校）

　　　　张耀铎（上海体育大学）

前　言

中国现代橄榄球行业发展三十年，让橄榄球这项运动扎根国内，培养了众多优秀人才，吸引了无数国人的关注。越来越多的中国运动爱好者领略到橄榄球运动的魅力，加入这项运动当中。

随着数字时代的到来，利用视频软件来学习知识更加方便、快捷，但这仅仅局限于有较高认知又有多年运动经验的人群，而对于初学者，尤其是青少年，只是起到简单的学习、模仿的作用，对整个技术动作要领的理解，还需要更多的参考资料。鉴于此，我们精心编写本书，供大家参考。

本书作者均为橄榄球领域资深从业者，从事橄榄球训练、教学工作，经验丰富，尽管如此，在本书编著过程中，难免有不妥之处，敬请谅解！

在本书付梓之际，对所有参与本书编写、审核的人员表示感谢，同时感谢广州鑫钰酒业有限公司和浙江贝博工艺品有限公司提供的资助，特别要感谢中国农业大学对本书出版提供的支持。

编　者

2023 年 10 月

目　　录

第 1 章

现代英式七人制橄榄球运动的项目特点与发展趋势

1.1 运动项目特点

橄榄球运动是一项集力量、速度、智慧和团队精神于一体的极具挑战性和刺激性的强者运动，该运动比赛时间短、场地活动空间大，需要运动员个人能力全面、团队配合意识强。由于赛制的特点，一天多赛，运动员需具备较强的体能储备和恢复能力。同时运动员身体对抗激烈，攻防节奏快，比赛精彩纷呈，极具观赏性。

1.2 项目发展趋势

(1)七人制橄榄球技战术更加实用、丰富，攻守平衡将成为现实。

(2)项目更加普及均衡化。由于七人制橄榄球项目已被确定为奥运会正式比赛项目，橄榄球强国和开展橄榄球运动的国家和地区越来越重视七人制橄榄球运动，并逐步改变了过去以十五人制为主的模式，取而代之的是十五人制和七人制并重，两种赛制均衡发展。

(3)队员发展更加全面化。从场上队员位置来看，七人制橄榄球运动的位置划分越来越不明显。规则发生变化，如换人条款每场换人由三人修改为五人，要求队员要具备不同位置的特点，个人能力应全面。因此，具备更高水平的全能型运动员逐渐成为引领七人制橄榄球这项运动发展的重要因素。

(4)七人制橄榄球运动更加商业化与职业化。

第 2 章

各年龄组训练教学任务

2.1　12 岁及以下组训练教学任务

目标任务：学习橄榄球运动基本的技战术，通过触式(touch)和带式(tag)游戏性的比赛培养青少年运动员对橄榄球运动的兴趣。

体能任务：培养青少年运动员灵敏、速度、基础力量和柔韧素质。

技术任务：学习传球、接球、踢球技术。

战术任务：学习基本的交叉、重叠等配合战术。

心理任务：激发青少年运动员对橄榄球运动的兴趣。

2.2　13～15 岁组训练教学任务

目标任务：掌握橄榄球运动各环节基本的技战术和基本规则，改善青少年运动员身体素质，基本具备橄榄球运动的比赛能力，培养团队协作意识。

体能任务：在全面发展的基础上，以提升速度、爆发力为重点，注重发展灵活性和协调能力，并注意增强小肌肉群的力量。

技术任务：基本掌握传球、接球、踢球、脚步动作、扑搂(tackle)、拉克(ruck)、冒尔(maul)、司克兰(scrum)、争边球(lineout)技术。

战术任务：学习开球、扑搂、拉克、冒尔、司克兰、争边球等攻防各环节的基本战术。

心理任务：激发青少年运动员对橄榄球运动的热情，提高心理适应能力、抗压能力和抗干扰能力。

2.3　16～19岁组训练教学任务

目标任务：强化基本技术和战术配合的灵活应用，提高青少年运动员的参赛能力，增强专项身体素质，为高水平橄榄球运动队输送人才。

体能任务：在发展专项有氧耐力的基础上注重提高青少年运动员的耐力、速度、爆发力，适当提高力量训练的强度，逐步进行极限力量训练。

技术任务：熟练掌握并灵活应用传球、接球、踢球、脚步动作、扑搂、拉克、冒尔、司克兰、争边球技术。

战术任务：战术意识清晰，攻防娴熟，在实战当中能够进行合理运用。

心理任务：具备高水平运动员的心理特点，具备较强的自我调控能力。

第3章

技术训练

3.1 手控球技术

3.1.1 持球

双手持球:运动员双手十指均匀分开握住橄榄球的中部,掌心空出,以手指指肚接触球,用力握紧球。球与胸口一拳距离,双臂协调用力,使球在跑动中随身体协调摆动。双手持球可平行于缝合线,也可垂直于缝合线,以便于不同形式的传球,如图 3-1 所示。

单手持球:运动员手指自然分开,握住球的上部或中部偏上的位置,持球的手臂屈臂收紧,把球牢牢地固定在胸部与大臂之间,如图 3-2 所示。尽量使球远离防守人,一旦发生身体接触,可用另一只手进行自我保护和推挡防守人。

3.1.2 传球技术

传立球:橄榄球的纵轴与手指方向平行,运动员双手捧握

图 3-1　双手持球

图 3-2　单手持球

橄榄球的 1/2 部分，手指自然张开并适度紧张，掌心空出，双手的小指基本接触在一起。传球时，传球人侧身，盯紧接球人，屈膝下蹲，降低重心，双手持球在肚脐前方约一球距离处，手腕下沉，使球的纵轴基本垂直于地面，双手拇指指向接球人，蹬转发力，胸口对着接球人，双手对着接球人自然伸展并把手指充分展开，把球推传给接球人。传立球动作示范见图 3-3。

图 3-3　传立球

挑传球：双手胸前持球，上步侧身，双腿略微弯曲，双臂自然弯曲，手腕下沉，利用手指和手腕的力量把球挑起，传到接球人胸前位置。挑传球如图 3-4 所示。

图 3-4　挑传球

跑动传立球：双手胸前持球，上步侧身，胸口面向接球人，脚落地，球传出，双臂抬平，双手掌心外翻，指向接球人的胸口。

交叉跑动传球：在直跑中，突然侧身变向，朝 45°方向加速跑动，根据接球人的位置做上步侧身挑传球，将球传到接球人的外侧手掌，如图 3-5 所示。

图 3-5 交叉跑动传球

围绕跑动传球:持球人双手持球直跑,跑动中突然变向传球,然后迅速跑到持球同伴的外侧准备接球,如图 3-6 所示。

跑动传旋转球:橄榄球的纵轴垂直于地面,持球人双手手指垂直于橄榄球的纵轴,双手上下错开并分别握住橄榄球上部与下部的各 1/2 部位,发力手在球的下方且按压在球的下 1/2 部位,导向手在球的上方且按压在球的上 1/2 部位。手指自然分开并适度紧张,掌心空出,用手指和指根控制球。传球时,使球倾斜 45°,发力手在后且按压在球的下 1/2 部分;导向手在前且托举住球的上 1/2 部分,导向手部位的球尖要对准接球人。双腿弯曲使重心降低,身体稍前倾,把球固定在肚脐正前方,球的纵轴与身体保持一拳间距,传球以后双臂指向接球人,掌心向下自然伸展并双手合十。跑动传旋转球动作示范见图 3-7。

扫地式传球:双腿左右分开要宽于肩部,降低重心,球在后支撑脚前侧,目光盯紧接球人,手在接触球的瞬间,手腕、小臂、大臂与腰部同时发力,以前腿为支撑腿重心前移蹬转发力,双手指向接球人,最后以单腿支撑,如图 3-8 所示。

图 3-6　围绕跑动传球

图 3-7　跑动传旋转球

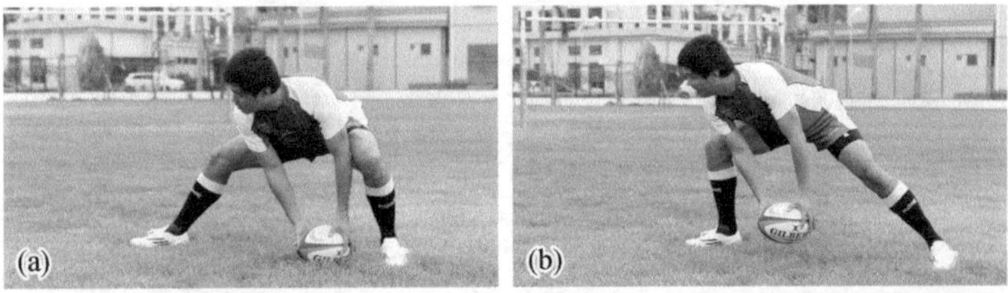

图 3-8　扫地式传球

鱼跃式传球：传球人双腿左右分开，略宽于肩部呈“马步”姿势，球在两腿中间，目光盯紧接球人，手在接触球时，手腕、小臂、大臂与腰同时发力，以前腿为支撑腿，重心前移蹬转发力，双手指向接球人，当球出手以后双手迅速还原成俯卧撑的姿势来保护自己，如图 3-9 所示。

图 3-9　鱼跃式传球

抗传球：持球人在遇到防守人时，尽量避免与防守人发生正面身体接触，通过变向摆脱，力争把防守人甩到持球人身体的侧面，使球远离防守人，这样就可以解放自己的单手或双手进行抗传。抗传分单手抗传与双手抗传，根据场上不同的情境去合理选择。抗传球如图 3-10 所示。

假传球：假传球也是一种传球形式，是在正常传球的状态下，侧身交叉步尽量把传球动作幅度做大，双臂充分挥摆球尽量向远端传去，传球人的目光盯紧接球人，并把球传到最远端后再迅速收回动作。

投掷传球(在争边球时使用)：投掷球技术主要用于比赛中的争边球，将正常传转球的手法左右手前后交换位置，举至头顶上方，以手腕带动小臂、大臂与腰腹同时发力，小臂带动大臂尽量往前上方送出球，要有一定的抛物线，如图 3-11 所示。

图 3-10 抗传球

图 3-11 投掷传球

3.1.3　接球技术

接球：接球人接球时应上步侧身，胸口面对传球方向，十指胸前自然张开，以接球外侧手掌为靶心，接球瞬间双手做回收缓冲动作，如图 3-12 所示。

图 3-12　接球

接踢球：接踢球时接球人首先要判断球的高度与落点，然后大声发出“我的球(my ball)”的口令来提示队友，尽量跑到球的正下方并上步侧身，接球的瞬间双手呈“一高一低”型迅速高过头顶，并用胸部去找球，在胸部接触到球的瞬间，双手抱球并向下做缓冲动作，如图 3-13 所示。

捡地上球：捡球人的眼睛盯着球，使身体变成一个下蹲姿势，在捡地上球时，双腿开立跨骑在球上方，使球垂直于胸腹部，双腿弯曲，臀部降低，轻松保持身体平衡，双手捧握住球，捡起球的瞬间要迫使前腿蹬伸发力并快速离开。捡地上球分单手捡球和双手捡球两种，根据场上需要自行选择。捡地上球动作示范见图 3-14。

图 3-13　接踢球

图 3-14　捡地上球

倒地救球：接球人要判断自身与球的距离，提前降低重心，髋关节先着地，身体呈“弓”状滑行，让球保持在胸前的位置，接触到球后迅速翻身起立，如图 3-15 所示。

图 3-15　倒地救球

3.1.4　倒地放球技术

横向倒地放球：持球人侧躺在地上，身体呈“丁”字状，并收腹去找脚的位置，把球放在双脚处，如图 3-16 所示。

图 3-16　横向倒地放球

纵向倒地放球：持球人倒地后，通过扭转后伸把球放在远离防守方的位置，持球人的身体与边线平行，双脚对着进攻方向，如图 3-17 所示。

跪姿倒地放球：持球人正面撞击时，髋关节一定是向前的，如被防守人拖拽不能侧身倒地时，可采用全力前推的方式形成跪倒的姿势，低头用肘关节与双膝支撑身体，让球沿着胸腹和两腿之间推出，球要超过臀部，但不能超过自己脚的位置。跪姿倒地放球如图 3-18 所示。

图 3-17　纵向倒地放球

图 3-18　跪姿倒地放球

3.1.5　达阵技术

单手达阵：单手持球，双脚前后开立，球在接触地面时，单手与球要形成一体，同时接触地面，如图 3-19 所示。

图 3-19　单手达阵

双手达阵：双手持球，双脚前后开立，球在接触地面时，双手跟球要形成一体，同时接触地面。双手达阵同捡地上球的动作相似,如图 3-20 所示。

图 3-20　双手达阵

3.2　跑动技术

3.2.1　持球跑动

持球跑动的方式可分为双手持球跑动和单手持球跑动。

双手持球跑动:双手均匀地握住橄榄球的中间鼓肚处,可以平行于橄榄球的缝合线,便于传立球;也可以垂直于橄榄球的缝合线,便于传旋转球。持球人手指自然分开,手心空出,手指(指根)接触球,双臂自然弯曲,双手用力握紧球。练习者要让球成为身体的一部分,球在跑动中应随身体的运动协调摆动,如图 3-21 所示。

单手持球跑动:单手握住球的上部(中部偏上)位置,手指自然张开,抱住球的胳膊要屈臂收紧,把球牢牢地固定在胸部与胳膊之间,腾出另一只手进行自我保护和推挡防守人,如图 3-22 所示。当发生身体接触时,尽量使球远离防守人。有些运动员有时只用单手持球,在跑动或湿滑环境或身体与防守人发生接触的时候,容易使球脱手造成被动,故不建议运动员单手持球。

图 3-21 双手持球跑动

图 3-22 单手持球跑动

3.2.2 侧步闪躲

侧步闪躲即在斜跑、直跑、碎步跑的过程中，持球人突然用左腿或右腿爆发力侧蹬，并快速蹬离地面，使跑动方向瞬间改变，躲闪或远离防守人。

做动作时，持球人重心降低，80％的体重和力量转移和聚集到变向发力腿上，脚全掌落地且跺地有声，借助地面的反作用力蹬离地面，使跑动方向改变。

本技术要点：改变跑动方向的同时要转头、转肩，身体倾斜度与跑动方向一致，从而最大限度地发挥速度。重心压在发力腿上，上体略前倾，头肩协调晃动，改变方向瞬间有脑袋拉动、平移的感觉。如果防守人反应敏捷，可在改变跑动方向的瞬间换成单身抱球，腾出另一只手用来推挡防守人。侧步闪躲如图 3-23 所示。

3.2.3 绕跑躲闪

持球人跑直线并接近防守人，当持球人距离防守人 4～5 m

图 3-23　侧步闪躲

时，持球人突然改变方向，差不多接近直角。持球人倾向于他的左侧开始用右腿加速并横向交叉到左腿前。这一瞬间创造出新的跑动角度，完全发挥进攻者的主动性速度。持球人施展爆发力和速度去加速摆脱，注意身体突然向外倾斜，利用爆发力加快步频。根据情况适时腾出内侧手准备推挡防守人。绕跑躲闪如图 3-24 所示。

图 3-24　绕跑躲闪

3.2.4 改变节奏跑

改变节奏跑即突然起动，突然急停，利用起停的主动、被动时间差摆脱防守。注意急停时身体重心应保持在核心区，并瞬间后移，然后再起动加速，急停时外侧腿在前。

3.3 踢球技术

3.3.1 碰踢

1. 短距离碰踢

短距离碰踢通常又称为巧踢球，在七人制比赛中使用频率很高。它是指持球人面对防守时，将球踢出后并试图重新获得该球以便继续进攻的一项技术。短距离碰踢需要持球人实施踢球时判断正确，技术娴熟，对身体的控制到位。这项技术往往会达到意想不到的突破，甚至得分。

巧踢球的技术动作与高踢球类似，主要是把动作幅度减小，从而更快速、更有实效地再次获得球权。巧踢球的特点和技术动作如下。

(1)行进间隐蔽踢球(图 3-25)。持球人在高速直跑或斜跑过程中实施踢球，把球尽量放低，与踢球脚的距离更接近，身体半转，让踢球腿和持球手远离防守人。

图 3-25 行进间隐蔽踢球

(2)侧身勾脚踢球(图 3-26)。踢球瞬间,持球人单手持球,抓握住球的上半部分,使球垂直于地面,勾脚踢球。侧身勾脚踢球是唯一采用勾脚形式的踢球技术。

图 3-26　侧身勾脚踢球

(3)再次获得球权的踢球(图 3-27)。无论是面对一群人的防守,还是面对一个人的防守,运动员一定要沉着冷静,快速选择,精准判断高度和落点,敏捷地躲避防守人的阻挡,从而再次获得球权。

图 3-27　再次获得球权的踢球

2. 长距离碰踢

根据橄榄球的旋转方向，长距离碰踢可分为横轴旋转球碰踢和纵轴旋转球碰踢。

碰踢横轴旋转球时，橄榄球旋转似射出的子弹般向前，具体动作如下。

(1)双手上下托握住球，手心相对，使球的纵轴平行于地面。球的纵轴与托球的手呈 45°。右手在下托住球的重心位置并使球靠近身体的一端稍稍扬起，有一个小小的角度，左手在上稳定住球，踢球准备如图 3-28 所示。

图 3-28　踢球准备

(2)踢球时，由双手持球变为单手托球，松开起稳定作用的左手，右手保持瞬间稳定，然后突然松开，垂直下落时球的角度保持 45°，如图 3-29(a)所示。

(3)右腿自然稳定摆动，脚面要压平。

(4)脚面将要碰撞球时，球的角度应保持不变，不能空中抛球，而是松手使球自然下落，保持脚的最大稳定性，如

图 3-29(b)所示。

(5)踢出高质量球的前提是放好球。右腿伸直,不要弯曲,身体稍向后倾斜,脚面接触球,腿尽量抬高,如图 3-29(c)所示。

(6)踢球的瞬间不要抬头寻找球的去向,易造成动作变形。

碰踢纵轴旋转球时,橄榄球旋转似翻跟头,其技术动作与踢高球相似,只是将踢出的球的运行轨迹压低了。

(a)　(b)　(c)

图 3-29　长距离碰踢

3. 高碰踢

运动员双手持球并使球的纵轴与地面垂直,保持准确的持球角度,以保证松手后球能下落到踢球脚的顶部。正常踢球时球应放在水平位置,高碰踢时通常要垂直放。运动员身体重心放在左腿上,右腿伸直用力踢球,球向着天空飞去,球在高空中向后翻转。这种踢球方式使球很稳定,容易判断落点，有利于运动员追球防守或再次获得接球机会。这种特殊踢球方式需要队友的默契跟进，以利于获得场地区域或使队友在位。高碰踢如图 3-30 所示。

图 3-30　高碰踢

3.3.2　球落地踢反弹球

在英式七人制橄榄球比赛中，各踢球运动员必须掌握踢球技术，其技术动作如下。

(1)半蹲持球。右手单手托球，五指自然分开，托握住球尖稍向下的部位，让球有一个小的后倾斜角度，依靠在手掌上，球与踢球腿处于同一个投影面上。左手放在球的左侧，起到稳定球的作用。胳膊略弯曲并固定不动。双腿自然站立与肩同宽，双膝弯曲呈半蹲姿势。半蹲持球如图 3-31 所示。

图 3-31　半蹲持球

（2）上步放球。左腿自然上步，重心前移过渡到左腿，但身体重心不能起伏。胳膊固定不动，随着上步移动的节奏，双手同时松开球，使球保持与地面垂直的角度自然下落。球的落点在踢球腿的正前方，领先左脚半步的距离。球尖接触地面并反弹起来，保持球的纵轴与地面垂直。上步放球如图 3-32 所示。

图 3-32　上步放球

（3）摆腿踢球。球弹起的瞬间至最高点期间都可以进行挥摆踢球，运动员要根据具体情况（如场地的软硬度、天然草场还是人造草场、草的疏密及长度等）变换踢球的节奏。脚接触弹起球的球尖时，脚面绷紧压平，不要勾脚。踢球结束后，身体重心上移，身体稍稍后仰。摆腿踢球见图 3-33。

图 3-33　摆腿踢球

3.3.3　踢地滚球

运动员踢球时把与地面垂直的球放在同侧手和同侧腿的位置。头在球的正上方，身体重心稍稍向前，垂直放球到地面。

球刚刚落地时，运动员右膝弯曲，几乎与球平行。平脚面摆抽球肚部位，脚压低向前平推，使球沿着地面滚动。踢地滚球如图 3-34 所示。

3.3.4　盘带球

利用左右脚的内侧足弓盘带橄榄球，由于橄榄球特殊的

图 3-34　踢地滚球

形状，使球落地后具有无规律着地翻滚的特点，故盘带难度较大。

3.4　撞击技术

持球撞击有低姿扑搂式和高姿撞弹式两种形式。

3.4.1　低姿扑搂式撞击

如果防守人采用高姿搂抱式防守，持球人就可以采用低姿扑搂式撞击。该撞击技术的特点是重心低，动量大，更贴近地面，容易形成拉克保有球权。

(1)持球人将球放置在远离防守人一侧，前臂弯曲，肘关节略靠近躯干，由前臂、上臂、躯干形成一个口袋状区域。球的一端放置于肘关节弯曲处，前臂几乎与球线平行，且与球同侧，手放置在球上，如图 3-35(a)所示。异侧的上臂贴紧躯干，异侧手如盖子般放置在露出的一侧球尖上。持球人在撞击前应带有足够的速度，以期在撞击过程中获得动量优势。

(2)持球人在撞击防守人之前，首先要屈膝降低重心并插步（与撞击肩同侧），插步时双腿呈弓箭步状态，重心迅速移动到前脚上。插步的距离以持球人后脚脚后跟离地后肩膀能打击到对方身体上为宜，如图 3-35(b)所示。

(3)插步的同时，持球人躯干降低至与地面平行，头基本与站立时一致。撞击一侧的肩膀要略领先于另一侧，头略偏向于持球的一侧，如图 3-35(c)所示。

(4)撞击时，持球人在带有一定速度的前提下顺势插步，后脚蹬地向前，给身体一个二次加速。背部要呈“反弓”状态，用插步侧肩膀撞击对方，如图 3-35(d)所示。

(5)在两腿将要蹬直的瞬间，双腿做快速半高抬腿动作继续向前推进，同时保持肩部向前，身体的方向保持与达阵线垂直，如图 3-35(e)所示。

图 3-35　低姿扑搂式撞击

撞击后，要借助一定速度下身体的动量优势，抢占地盘或向前推进倒地。

3.4.2　高姿撞弹式撞击

如果防守人采用低姿扑搂，此时持球人可采用高姿撞弹式撞击。该技术的特点是瞬间爆发力强，有观察，可配合，可继续进攻。

(1)持球人单手持球，球线基本与小臂平行，手掌掌心对着自己的面部并握住上端球尖部分，如图 3-36(a)所示。

(2)持球人用力收紧小臂和上臂，使下球尖牢牢抵住腋窝，防止被防守人打掉。身体微侧，使球远离防守人，如图 3-36(b)所示。

图 3-36　高姿撞弹式撞击

(3)在防守人准备发力蹬地低姿扑搂的瞬间,持球人快速插步,俯身前倾,用收紧在胸前的另一侧胳膊的上臂猛撞防守人的肩颈部,如图 3-36(c)所示。

(4)撞击时持球人注意肩部要短促扭转发力。如果时机和爆发力恰到好处,会把防守人撞翻在地,如图 3-36(d)所示。

无论何种撞击形式,第一时间接触防守人身体时,持球人都要用同侧肩、同侧腿发力。

3.5 扑搂技术

3.5.1 侧面扑搂(the side-on tackle)

(1)扑搂人锁定目标(持球人的髋部),根据持球人的位置确定将使用何侧肩进行扑搂,如图 3-37(a)所示。

(2)扑搂人低姿逼近并集中精力在目标区域,扑搂人进入扑搂状态,单腿蹬伸,尽量做到同侧腿同侧肩扑搂,如图 3-37(b)所示。

(3)当扑搂人迫使自己进入扑搂状态时,要充分利用自身体重,首先用肩膀撞击进攻者,肩部刚好低于进攻者的臀部,确定头部在其后侧并贴紧进攻者的臀部,任何境遇下头部都不能在其身体的前面。同一时间,扑搂人的胳膊要牢固地锁住持球人的腿,如图 3-37(c)所示。

(4)扑搂人的肩膀带动全身的动量撞击持球人,同时其胳膊紧紧抱住持球人的腿,使持球人无法摆脱甚至被撞翻,如图 3-37(d)和图 3-37(e)所示。

(5)如果扑搂人带有攻击性的动量进入扑搂,被扑搂人倒地后应被扑搂人压在身下,如图 3-37(f)所示。

(6)持球人被防守人扑搂倒地后,持球人要在裁判允许的时间内把球放在地上。而防守人必须松开搂抱持球人的双手(不能用身体压住倒地人),并快速起身进行抢球。

图 3-37　侧面扑搂

3.5.2　正面扑搂(the front tackle)

这是一个比较困难的扑搂技能,基本有两种不同的扑搂形式:其一,如果扑搂人距离持球人稍远,这样扑搂人在做扑搂动作时就会通过准确地判断和选位把体型较大的持球人绊倒,扑搂人倒地后在持球人的侧面或下面。其二,如果扑搂人很高大、强壮,扑搂人可以试着把持球人扑倒并使其后退,结束时扑搂人在持球人的上面。本书演示了这两种方法。

(1)若持球人身材高大、强壮,而且正处于亢奋状态,扑搂人要做好心理准备,让自己处于一种全身紧张、精力集中的沉稳状态。根据持球人的身材、动量判断,决定采用何种方式进行扑搂。面对这样的持球人,不要试图把持球人撞倒并使他向后退,而是要降低重心,根据持球人的左、右位置,选择好扑搂使用何侧肩，采用扑搂顺倒（绊倒）的形式阻止持球人的进攻，如图 3-38(a)所示。

(2)扑搂人选择合适的一侧肩去撞击持球人臀部以下的位置，小心谨慎地把头部贴紧在持球人双腿的外面，如图 3-38(b)所示。这种情况下，扑搂人要明白自身的动量比持球人的动量小很多，是不可能把持球人撞扑后退的。

(3)扑搂人的胳膊锁紧持球人的腿，持球人巨大的速度和动量意味着在倒地后将把扑搂人压在下面。在扑搂中，扑搂人自始至终要牢牢抱紧持球人的腿，直到持球人摔倒在地，如图 3-38(c)至图 3-38(e)所示。

(4)正面扑搂在实施时，如果左右的空间足够大，扑搂人很容易被持球人的突然变向突破防守；如果持球人的动量很大，撞击的技能比较强，也会将扑搂人撞翻在地，从而突破防守，如图 3-38(f)和图 3-38(g)所示。

3.5.3 背后扑搂(tackling from behind)

根据侧面扑搂的形式，同样的原则也适用于身后扑搂。扑搂人用一条腿蹬伸发力进入扑搂状态，用同侧肩部撞击进攻人的膝关节和臀部之间的位置，脑袋贴紧一侧，胳膊牢固地锁住并抱紧对手的双腿。

(1)扑搂人锁定目标并决定用哪一侧肩去扑搂持球人。

(2)根据持球人的左右位置选择左右肩进行扑搂。一般是偏左侧用左肩，偏右侧用右肩。如当扑搂人加速进入扑搂时，其肩部撞击低于持球人臀部的位置，确定扑搂人的头部在左边并在他的左腿位置。同时，扑搂人用胳膊抱紧持球人的双腿去阻止其继续跑动，如图 3-39(a)所示。

(3)当扑搂人带着动量进行扑搂时，促使其全部体重加到

图 3-38　正面扑搂

持球人的身上并紧紧抱住他的腿，持球人一定会失去重心而倒地，如图 3-39(b)所示。

(4)当扑搂人把持球人扑倒后，扑搂人应该在持球人的上面，如图 3-39(c)所示。

3.5.4　窒息扑搂(the smother tackle)

这是一种特殊的扑搂形式，扑搂人的胳膊不只是阻止持球人制造任何场地纵向的推进，而且还要阻止他把球传给任何来支援的队友。

这样做扑搂时的目标不是持球人的臀部下方，而是在持

图 3-39 背后扑搂

球人的腰部上方，扑搂人设法去抱住持球人的胳膊，使持球人无法施展任何形式的传球，从而突然停止队伍的进攻。

(1)扑搂人接近持球人时保持直立的姿势，并将对持球人腰部以上的位置进行扑搂[图 3-40(a)]。

(2)扑搂人必须加速进行扑搂，用强有力的肩膀去撞击持球人肩部左右的位置，同时扑搂人要尝试用胳膊把持球人较高的身体包裹住，这样就能困住持球人的胳膊和球[图 3-40(b)]。

(3)抱紧持球人，继续向前和向下推进，确定此时球在两人之间是被遮掩住的，随后扑搂人和持球人将双双倒地，如图 3-40(c)至图 3-40(e)所示。

(4)扑搂人要强制性地、主动性地进入扑搂，并且还要具有非常大的动量，结束倒地时扑搂人应该压在持球人上方，如图 3-40(f)和图 3-40(g)所示。

(5)倒地之后，扑搂人要快速松手起身，进行抢球，如图 3-40(h)所示。

(6)虽然窒息式扑搂对于初学者而言不是特别容易掌握的技术，但在比赛中，该扑搂是非常重要的一项技术，是每一名运动员都要去学习并正确实施的。

图 3-40　窒息扑搂

第 4 章

集团技术

4.1　司克兰(scrum)

司克兰是七人制橄榄球比赛场地内一种常见的开球方式。通常在比赛中违例或比赛停顿后,双方各三名前锋球员通过绑扎顶架形成通道,由传锋球员把球投入通道后,勾球球员控制橄榄球,使得比赛继续进行。

4.1.1　司克兰口令

图 4-1　下蹲

下蹲(crouch):绑扎好的双方球员膝盖弯曲,臀部下沉,背部平直,抬头注视对方,使双方球员的太阳穴在同一水平线上(图 4-1)。

绑扎(band):双方 1 号球员、3 号球员的外侧手臂抓住对方球员背部腋下位置，从而使司克兰更加稳定(图 4-2)。

顶架(set)：双方球员头挨头，肩膀顶肩膀进行顶架(图 4-3)。

图 4-2　绑扎

图 4-3　顶架

4.1.2　司克兰要点

绑扎［图 4-4(a)］：三名前锋从左到右依次为 1 号、2 号、3 号。首先 2 号球员双臂垂直上举，1 号、3 号球员分别手臂(从肩部到手指)绑扎 2 号球员。然后 2 号球员两侧手臂分别绑扎 1 号、3 号球员背部腋下位置，拉紧。三人紧密没有缝隙。

下蹲［图 4-4(b)］：前锋球员膝盖弯曲，臀部下沉，背部平直，抬头注视前方。

顶架［图 4-4(c)］：膝盖压低靠近地面，小腿近乎平行地面。背部平直，重心作用于对方身体上。

图 4-4　司克兰要点

4.1.3 司克兰进行

前锋球员顶架稳定后，传锋球员距离司克兰 1 m 并垂直于司克兰站立，把球垂直投入司克兰通道内，如图 4-5(a)和图 4-5(b)所示。

勾球球员通过单脚支撑，空出一条腿把进入通道的球通过 1 号球员两腿之间勾到腿后[图 4-5(c)]。

传锋球员投球结束后，绕到顶架前锋后面控制被勾出的球或把勾出的球传到后锋开始比赛[图 4-5(d)]。

图 4-5 司克兰进行

4.2 争边球(lineout)

争边球是指七人制橄榄球比赛中球出界以后，采用将球投入两列队员之间进行争抢，来迅速、安全、公平地重新开始比赛的一种开球方式。

4.2.1　争边球要点

投球队员双脚微开，身体直立，双手前后位持球举过头顶。前手控制方向，后手发力使球投出[图 4-6(a)和图 4-6(b)]。

图 4-6　争边球要点

接球队员双手张开于胸前，两脚稍微前后错开，膝盖微屈。起跳时，双腿合并，身体直立，双手举过头顶在最高处接住投球队员投来的球，如图 4-6(c)和图 4-6(d)所示。

举托队员，双手分开，虎口尽量打开，屈膝下蹲，前面举托队员的虎口卡住接球队员膝盖上部的股四头肌，后面举托队员的虎口卡住接球队员臀部下方。随着接球队员起跳，上步上举。尽量贴近胳膊直立从而把接球队员稳定地举到最高位置[图 4-6(e)至图 4-6(h)]。

4.2.2 争边球进行

投球队员发出口令后，平直投出球。

接球队员选择起跳位置，直立起跳，展臂在最高点接球。

举托队员随起跳队员起跳，托举。等到接球队员接球后转向自己一方放下接球队员(图 4-7)。

图 4-7 争边球进行

接球队员把球传给投球队员开始比赛。

4.3　拉克(ruck)

拉克是七人制橄榄球比赛中出现次数较多的一种比赛局面,是由两队各一名或多名队员,双脚站立,身体相互接触紧密围绕地上的球所形成的一种比赛形态,如图 4-8 所示。

图 4-8　拉克

4.3.1　拉克要点

扑搂者必须先放手被扑搂倒地的持球人。

被扑搂倒地的持球人必须放球于地上。

加入拉克的球员必须从“门”的位置进入拉克(图 4-9)。

图 4-9　拉克要点

加入拉克的球员必须直立，膝盖不能着地，不能失去重心手掌撑地。

4.3.2 拉克进行

扑搂者把持球人扑倒，并迅速放开持球人，起身准备抢球。

被扑搂的持球人放球于地上。

加入拉克的双方球员从“门”的位置进入，进行接触，控制球权，如图 4-10 所示。

图 4-10 拉克进行

拉克形成后，直到控球一方把球传出去后再继续比赛。

4.4 冒尔(maul)

冒尔是在现代英式七人制橄榄球比赛中出现的比较少的一种比赛局面。这是一种在当持球球员被一名或更多名对方球员擒抱，而有一名或更多名持球球员的队友夹扎该持球球员的时候，并且所有参与者都是双脚站立朝阵线移动的比赛形态，如图 4-11 所示。

图 4-11　冒尔

4.4.1　冒尔要点

被擒抱的持球球员转向接应己方球员，两腿叉开，膝盖微屈，把重心控制在两腿之间。

加入冒尔的球员头部和肩部要高于臀部。

加入冒尔的球员必须是手臂夹扎，而不仅仅是将手搭在冒尔中己方球员的身上(图 4-12)。

图 4-12　冒尔要点

4.4.2 冒尔进行

持球球员被防守球员擒抱时没有倒地，转向接应同伴。

接应球员用肩部顶推将球控制防守人，控球队员从冒尔中拿出球继续比赛。

第 5 章

七人制橄榄球比赛战术

5.1 接开球战术和反攻踢战术

5.1.1 接开球战术

接开高球:近距离(开球方反抢球权)采用一边站位或者 3×1×3 站位,如图 5-1 所示。

接开长远(深)球:全队快速压迫到接球方的 22 m 区域内。

5.1.2 反攻踢战术

高踢球:将球踢到 22 m 线外,争抢球权,获得球权并立即传给站位较好的队友,争取更多的进攻时间和空间。高踢球站位如图 5-2 所示。

踢深远球到空位:组织良好的队形压迫抢球人或接球人的进攻空间。

5.1.3 接球队战术

接球队根据开球队不同的开球站位选择对应的接球站

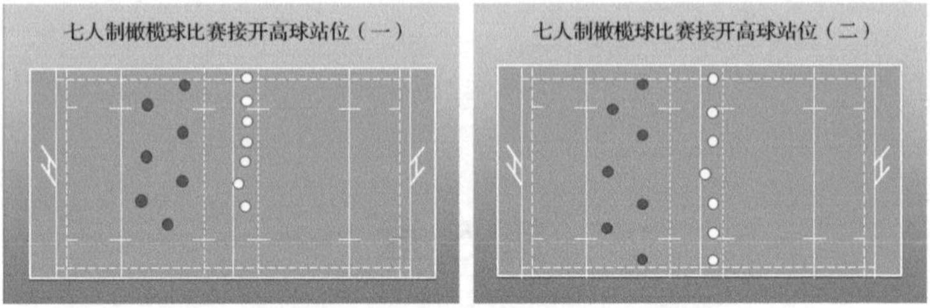

图 5-1　七人制橄榄球比赛接开高球站位

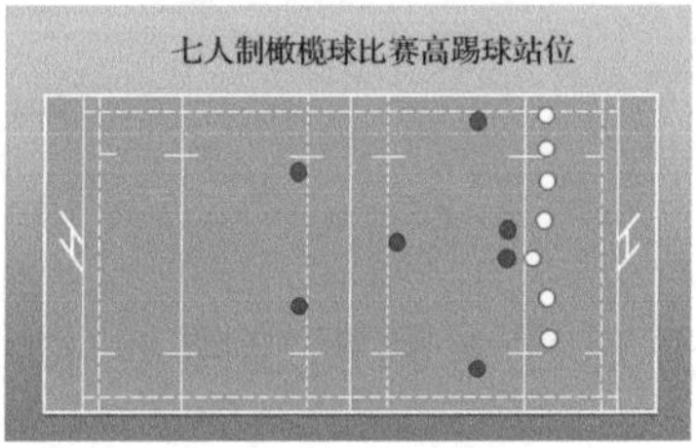

图 5-2　七人制橄榄球比赛高踢球站位

位，如果开球方选择 3×1×3 站位开球，不接球的一方要迅速向接球的一方靠拢保护。

5.2　司克兰战术

5.2.1　进攻战术

运动员采用司克兰进攻应根据场上区域前、中、后场及左、中、右场制定不同的战术，加强抗干扰能力，保有球权。在本方危险区域内可选择踢攻，展开边路做点战术、边路配合回传战术、反打战术、传锋打小边战术。

5.2.2　防守战术

运动员防守时根据场上不同区域选择防守战术，司克兰在中场和对方危险区域内防守方应选择强推强干扰战术、传锋干扰战术；在本方危险区域内应选择快速脱开站位防守战术，增加整条线的防守人数。

七人制橄榄球比赛司克兰攻防站位见图 5-3。

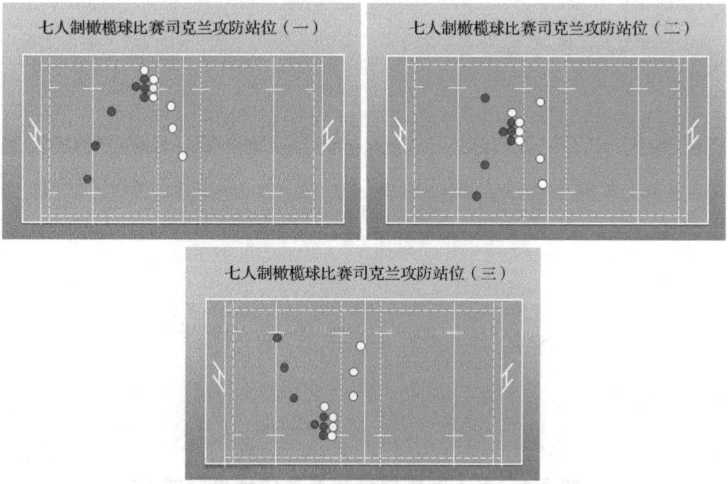

图 5-3　七人制橄榄球比赛司克兰攻防站位

5.3　争边球战术

5.3.1　进攻战术

运动员根据场上区域选择争边球战术，在前、中、后点展开边路做点战术、边路配合回传战术、反打战术。

5.3.2 防守战术

运动员防守时根据场上不同区域选择相应战术，争边球在中场区域和对方的危险区域内干扰反抢；在本方危险区域内不反抢站开防守。

七人制橄榄球比赛争边球攻防站位见图 5-4。

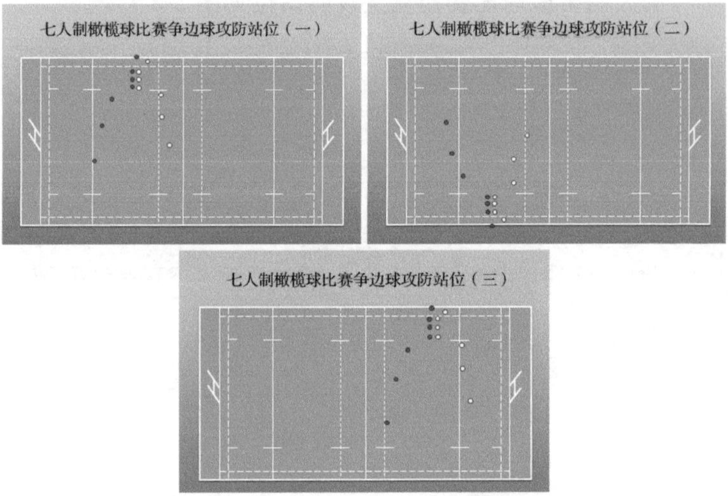

图 5-4　七人制橄榄球比赛争边球攻防站位

5.4 防守战术

司克兰和争边球形成定型集团，在比赛过渡阶段（拉克和冒尔）前锋和后锋实施防守战术。

司克兰防守战术详见 5.2.2。

争边球防守战术详见 5.3.2。

拉克在中场和对方危险区域内，防守方应选择强干扰抢球战术；在本方危险区域内，可选择干扰快速脱开站位防守，增加整条线的防守人数。

冒尔在七人制橄榄球比赛中极少出现。

5.5　罚踢和自由踢战术

罚踢指因对方严重犯规而获得的踢球机会。

七人制橄榄球比赛罚踢站位如图 5-5 所示。

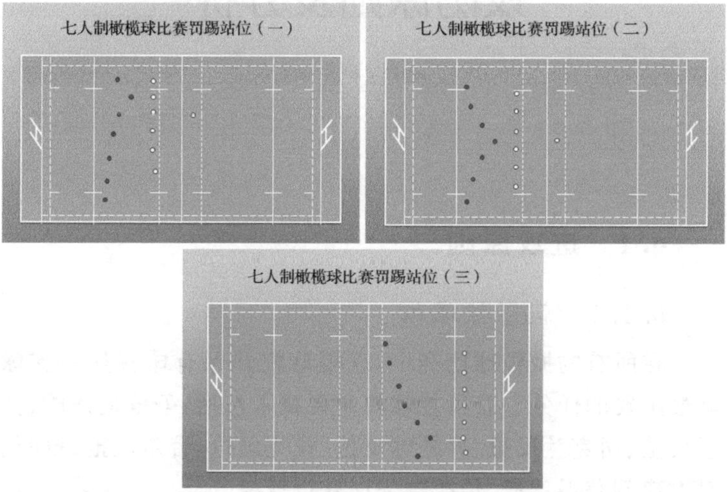

图 5-5　七人制橄榄球比赛罚踢站位

在本方危险区域内罚踢可以选择踢出去造成界外球，在对方危险区域内罚踢可以选择射门。

七人制橄榄球比赛中自由踢一般选择快发球，展开进攻，很少选择踢球。

第 6 章

七人制橄榄球比赛的攻防原则及分析

6.1 进攻原则

6.1.1 获得控球权

在所有的橄榄球比赛中，获得球权并保有球权是一支球队最主要的任务。获得控球权主要技术包括：争抢接开球、扑搂反抢、司克兰反抢、界外球反抢、拉克反抢、冒尔反抢、抢断、对方违例获得球权、传接球失误获得球权。

6.1.2 保持控球权

保持控球权的方法有：接好开球，保有本方司克兰、界外球、拉克、冒尔的球权，传接球配合不失误、不犯规违例。

球员需要掌握各种技巧，需要具备在压力下保持球权的能力，保持球权最好的方法是避免与对方接触。

6.1.3　创造空间

在进攻方的正面或侧面创造空间，可以向前跑动创造或变向创造。

通过转移球创造空间。

6.1.4　突破防守

利用防守方的站位和进攻方的纵深制造出突破的空间。

利用空位突破：1 对 1 等。

利用错位突破：以多打少。

6.2　防守原则

6.2.1　争抢球权

防守方在比赛中有较强的反抢能力，重获球权。

主要技术包括：争抢开球、司克兰反抢、争边球反抢、拉克反抢、冒尔反抢、扑搂后反抢。

6.2.2　限制空间

个人、整队向前压迫，压缩进攻方的空间，正面防守以多防少。

由内向外防守（分左右侧）：以少防多。

区域防守：主协防。

6.2.3　扑搂对方持球队员

扑搂对方持球队员，阻止进攻方持球队员向前推进。

6.2.4　控制（反抢）球权，组织反攻

与持球队员接触反抢持球队员的球或拦截传球，以重新夺回球权并发动进攻。七人制橄榄球比赛中反抢球权较多，

反抢球后有大量的时间和空间展开进攻，这需要球员立即从防守角色转换成进攻角色，保持一定的深度，队员才可加速跑动或者传球。

6.3 七人制橄榄球常出现的失误

(1)纵深不足，使队员不得不减速跑动或者接传球。

(2)没有严格的纪律导致进攻和防守模式丢失。

(3)准备不足导致没有形成一个最常用的意外应对模式，这些可能是进攻和防守两方面的问题。

(4)一个人向前失去支援(进攻)，一个人压迫防守线出现空当(防守)。

(5)较多队员参与乱集团争抢，获得球权的队员都在点上无法展开进攻；防守线上没有获得球权的队员人数较少。乱集团最好由 1 至 2 名队员争抢。

第 7 章

青少年橄榄球项目竞赛组织

7.1 竞赛组织安排的作用与意义

举办青少年橄榄球比赛，将会推动橄榄球运动在我国的普及，提高橄榄球运动技战术水平，培养橄榄球运动后备人才，做好梯队建设，同时有助于促进青少年友好交往、增强竞争意识和团队精神，搭建青少年健康成长平台。

7.2 橄榄球竞赛的组织工作

7.2.1 赛前筹备工作

赛前筹备工作主要包括：比赛的申办及办赛协议的签订；成立赛区组委会，组织机构搭建工作团队；明确各部门工作职责与流程等。

1. 比赛的申办及办赛协议的签订

比赛的申办须依据国家体育总局或各省市体育主管部门

公布的年度竞赛计划，由承办方向相关体育主管部门申请，经批准后，由主办方和承办方签订办赛协议。

2. 成立赛区组委会，组织机构搭建工作团队

比赛立项后，承办方应尽快成立赛区组织委员会，以便更好地开展工作。组委会涵盖主办方及承办方领导，有关职能部门负责人。按照主席、副主席、秘书长、委员等组织机构搭建工作团队。同时，组委会设以下办事机构：办公室、接待处、竞赛处、场地器材处、宣传处、安保处等。

3. 明确各部门工作职责与流程

赛区组委会成立后，定期召开协调工作会议，明确各部门工作职责和工作流程，分工明确，落实到人，主要办事机构工作任务如下。

(1)组委会办公室工作

- 制定和执行竞赛计划。
- 根据组委会的决议，组织配备各部门的工作人员。
- 负责对外联络。
- 召开相关会议，协调处理各部门问题。
- 编制预算事宜等。

(2)接待处工作

- 制定一套完整的接待方案，及时上报赛事组委会。
- 负责联系准备各种证件制作和发放工作，制定赛事活动指南(报到须知)。
- 配合竞赛处做好相关工作。
- 负责裁判员的费用报销。
- 负责宾馆准备及比赛日的饮食准备。
- 比赛用水及冰块的准备与发放管理。

• 志愿者招募工作。

• 车辆调度安排(接送站、赛前训练、比赛日当天活动等用车)。

• 医疗保障(根据项目及比赛特点,要求配备两辆救护车)。

(3)竞赛处工作

• 负责技术官员的选派。

• 制定竞赛规程。

竞赛规程是竞赛组织者和参加者的指导性文件,也是竞赛工作的依据,要提前发给各有关单位,以便队伍做好赛前的准备工作。竞赛规程应涵盖以下内容:竞赛名称、竞赛的目的和任务、主办单位、竞赛日期和地点、参加单位(含报名人数与资格审查)、报名与报到、竞赛办法(含决定比赛名次的办法)、录取名次及奖励、管理委员会、裁判员、规则、其他事项。

• 组织报名,编排印刷秩序册。

• 准备竞赛器材及表格。

• 组织赛事志愿者及赛事辅助人员培训。

• 安排队伍赛前训练。

• 组织裁判员业务培训。

• 组织竞赛各部门联调综合演练。

• 召开领队、教练、裁判技术会。

(4)场地器材处工作

• 准备赛前训练场地 2～4 块,做好报名表,队伍报到时确认填写。

• 做好比赛场地准备,包括场地划线、角旗、球门包、技术区、广告布置、颁奖台布置。

•做好功能房设置，官员休息室、竞赛秘书处、记录台、仲裁办公室、运动员更衣室（主客队）、运动员休息室（区）、技术官员休息室、兴奋剂检测室、志愿者休息室等。

场地器材处在准备场地时应严格遵循以下要求。

比赛场地标准及要求：比赛场地原则上须具备长不小于 120 m，宽不小于 70 m 的优质天然草坪，场地周围须预留 5 m 以上安全缓冲区。

比赛球门标准及安装要求：标准球门的两球门柱之间内侧间距为 5.6 m，横梁上缘离地面高度为 3 m，球门高度最好超过 9 m，球门柱材质为圆柱钢质结构，内径不小于 8 cm。球门安装时，必须安装在两条阵线中间点，须牢固、稳定，并配备标准球门包。

赛场画线标准及要求：参照橄榄球规则场地图，并在专业人员指导下进行画线。

角旗标准及要求：比赛场地须具备 14 支橄榄球专用角旗（旗杆外有保护套），高度距地面 1.2 m，旗杆地下部分安装伸缩弹簧链接，顶端配备旗面。

技术区标准及要求：技术区设置在记录台两侧位置，宽 3 m，长 10 m，距离场地边线 5 m，应配备 9 人座椅及防雨遮阳设施；每队 3 件送水服（医生 1 件，送水员 2 件），记录台备份 1 件。

比赛电子屏幕标准及要求：电子屏幕能够显示比赛时间、比赛比分、球队名称、宣传片播放等，由主办方安排专人负责。

场地灯光音响设施标准及要求：能够全场使用的音响设备，播放音乐设备，有线无线麦克风及达到比赛标准的灯光设备。

赛场看台划分：应将赛场看台划分为观众区域、运动员区域、媒体区域，并由保安严格进行管理。

主席台布置：设置领导、嘉宾座席，配备遮阳设施、饮用水、讲台、音响、麦克风、赛事名称横幅等。

如果赛事要进行网络直播，则应为赛事直播提供 10～50 M 宽带，以利于直播的进行。

(5)宣传处工作

• 制定开闭幕式议程。

• 礼仪管理。

• 确定礼仪小姐引导嘉宾颁奖流程。

• 做好新闻发布会工作。

• 做好赛事宣传及赛场体育展示工作。

• 做好电视转播及媒体宣传工作。

宣传处应配备比赛高清摄像机及专业摄像人员，根据比赛仲裁需要，可随时调阅有关赛事的音像材料；并为赛事直播提供 10～50 M 宽带，以利于赛事网络直播。主办地必须确保场馆拥有一套可以播放音乐和清晰播报广播的系统。还需安排一位富有经验的体育 DJ(唱片骑师)和一位播报员(可以是同一个人)会极大地活跃比赛气氛。同时要提供播报稿给播音员，以确保比赛时橄榄球术语运用准确。

所需材料主要包括：国旗、国歌、引导牌、入场进行曲；运动员、裁判员誓词，各队解说词；奖杯、奖牌、证书、颁奖台、颁奖团队、颁奖曲。

(6)安保处

• 做好运动员及技术官员驻地安全保卫工作。

• 做好赛场安全保卫工作。

• 制定安保工作预案。

7.2.2 比赛中工作

1. 竞赛工作职责

竞赛工作职责包括赛事运营及成绩管理、裁判员安排与管理、仲裁管理等。

竞赛部下设记录台组、换人组、检录控制组、仲裁组、裁判评鉴组、竞赛秘书处、大屏幕音响控制组等。

2. 竞赛工作流程

(1)记录台组负责比赛记录、比赛时间控制。

(2)换人组负责换人及红黄牌罚下场队员的管理,还有技术区管理。

(3)仲裁组负责研究和处理整个竞赛过程中所发生的违犯竞赛规程和竞赛规则的运动队、运动员、裁判员、领队、教练员和其他工作人员,对其采取警告、暂停比赛或取消比赛资格或工作资格等措施。

(4)裁判评鉴组负责裁判学习与业务培训,需为裁判员提供体能训练场地,如健身房、游泳池等,以及具备投影功能的多媒体会议室。另外该组还负责裁判的执场安排与评估。

(5)竞赛秘书处主要负责成绩的收集、整理、统计和公告。每天比赛结束后,向各技术官员、运动队和组委会相关部门及时发放成绩公告,主要内容有:比赛日程、比赛成绩、比赛排名。还要负责记录比赛成绩及名次录取,在场地专门设立成绩公告墙,竞赛文件材料归档管理,成绩册的编印。其中成绩册编印包括以下内容:比赛时间、地点、比赛分组情况、上场和未上场队员名单、道德风尚运动队、运动员名单、裁判员名单、比赛成绩等。

(6)检录控制组主要负责检查核实参赛队伍身份，检查参赛队员的装备等是否符合比赛要求，控制管理参赛人员与替补区人员。比赛时会设立检录候场区域(用隔离带分割区域)。

(7)音响大屏幕控制组主要负责成绩系统显示，音乐播放。

7.2.3　比赛后工作

(1)举行闭幕式，颁发奖品。

(2)安排和办理各队离会的有关事宜。

(3)承办方、管理委员会、裁判委员会主任应根据主办方相关规定，总结赛事工作，完成赛事报告，及时上交主办方。

7.3　橄榄球的竞赛方法及名次排定方法

7.3.1　竞赛方法

(1)竞赛原则：七人制橄榄球比赛每天各队不得超过 3 场，每场比赛休息间隔 2 h 以上，15 岁以下组决赛仍然为 7 min 半场。

(2)比赛方法：比赛按报名情况可采用单循环、双循环、先分组循环再淘汰等比赛方式。

(3)比赛分组原则：根据上年(或上一站)比赛成绩进行蛇形排列，其他未参加上年(或上一站)的队伍以抽签方式确定分组。报名参赛队不足 6 支(包含 6 支)时，小组单循环比赛；报名参赛队为 7～9 支时，分 2 个小组比赛；报名参赛队为

9～11 支时，分 3 个小组比赛；12 支队伍或以上时，分 4 个小组比赛。

第一阶段进行单循环比赛。

第二阶段根据小组成绩进行交叉淘汰赛。

7.3.2 名次排定方法

1. 小组循环赛决定名次的办法

在循环赛中各队每胜一场得 3 分，平一场得 2 分，负一场得 1 分，弃权得 0 分。积分高者名次列前。弃权者需在赛前 1 h 由领队进行书面确认，经赛事组委会认可后，本场比赛的比分为 0∶20。

如同一小组出现积分相等的情况，则以积分相等的队伍之间的比赛结果为准，获胜队名次列前。如果仍无法确定名次，将按下述办法决定：

若各队积分相等，对比赛的所有场次中的总得分与总失分的差数进行比较，差数正数值大的队排名靠前；如仍不能确定名次，则以在同一小组的所有场次的比赛中的达阵总得分与被对方达阵总失分的差数进行比较，差数正数值大的队排名靠前；如仍不能确定名次，则以在同一小组的所有场次的比赛中的总得分决定名次，总得分高的队排名靠前；如仍不能确定名次，则以在同一小组的所有场次的比赛中达阵总得分决定名次，达阵总得分高的队排名靠前；如以上规则均不能确定名次，则由领队采用抛掷硬币的方式决定名次。

2. 各小组同名次队伍成绩的比较办法

若各小组队伍数量相等，则积分高者成绩列前。若各小组队伍数量不同，则统计的小组赛场次以小组队伍数量少的小组的场次数为准。队伍数量多的小组中进行统计的队伍与该小组最后一名的比赛场次不计入统计范畴。在同等场次数量的基础上，积分高者名次列前。

若有小组同名次的队伍积分相等，如果小组队数相同，则按各积分相等同名次队伍在各自小组的所有场次的比赛中的总得分与总失分的差数和达阵总得分与达阵总失分的差数进行比较，差数正数值大的队伍排名列前。如果小组队数不相同，则以队数最少的小组每队比赛的场次数为计算标准，队数多的小组的相关队伍与该小组排名最末位的队伍的比赛数据不予计算，计算方法同上。如仍不能决定排名时，则在积分相等各队之间的比赛中，按照总得分多的队伍排名在前；如仍不能决定名次，则在各自小组的所有场次的比赛中达阵总得分多的队伍排名在前；如仍不能决定排名，则由领队之间以抛掷硬币的方式决定。

7.4　橄榄球比赛裁判执法要素检查要点

7.4.1　开球(kick-off)

(1)错误的开球方法。

(2)踢球方球员过早越过中线。

(3)开球球员超越中线落地踢球。

(4)球未到达 10 m，应注意不要忘记使用有利原则。

(5)球被直接踢出界，应注意不要忘记如果球飞跃 10 m 线后弹地出界是可以的。

(6)接球方在球被踢时提前进入 10 m 线内。

(7)球未被除踢球人之外其他人碰触而进入达阵区。观察接球方离落下来的球最近的球员，他的动作会影响裁判下一个决定。

(8)阻挡对方球员接球。

(9)球员跳到空中接球,却在落地前被扑搂(tackle)。

(10)观察紧接着会发生的拉克(ruck)或冒尔(maul)是否有阻挡或越位,特别是接球方从错误的位置加入。裁判应在达阵后重新开球,不得鸣哨。

7.4.2 反攻踢(drop out)

(1)防守队将球带回 22 m 线反攻踢时被进攻方球员阻挡。

(2)踢球方队员没有保持在踢球球员之后,裁判要观察踢球方左右两侧。

(3)当球越过 22 m 线后被拍阻下来。

(4)球没有踢过 22 m 线,应记得反攻踢可以在 22 m 线后的任何地点开球。

(5)球被直接踢出界,应记得如果球落地后弹出界是可以的。

(6)球越过 22 m 线后被风吹回,如果确实发生,应该继续比赛。

(7)踢球的方式应该是球落地后反弹踢,应记得反攻踢这种重新开始比赛的情况是不需要鸣哨的。

7.4.3 扑搂(tackle)

(1)球员带球倒地/球碰触地面。

(2)球员被抱住放倒在地。

(3)扑搂人(tackler)应立即放开被扑搂人(tackled player)。

(4)被扑搂人立即传递、放置或放开球。

(5)再去控制球之前扑搂人和被扑搂人要双脚站立。

(6)扑搂人和被扑搂人都不可以阻碍球在地上浮现。

(7)其他加入扑搂的球员需要保持双脚站立且头部比臀部高的姿势。

(8)观察加入扑搂球员的倒扑动作。

(9)其他加入扑搂的球员需要从球的后方且离本方达阵线最近的扑搂球员或被扑搂球员的后面加入,进而控制球(门)。

7.4.4　拉克(ruck)

(1)球在地上。

(2)双方球员双脚站立,身体相互接触。

(3)加入拉克的球员从全队队员最后一只脚的位置加入。

(4)队员向上加入拉克。

(5)正确夹扎本方队员加入拉克,特别是在拉克的后排控球的时候(binging)。

(6)清人队员故意踩踏倒地队员。

(7)在拉克中用手动球。

(8)使拉克崩溃。

7.4.5　冒尔(maul)

(1)有球员控制着球。

(2)冒尔正确的组成形式(持球人与双方各一名球员夹扎)。

(3)明确是由哪一名球员或哪一方队伍将球带进冒尔的。

(4)冒尔变成静止不动状态,并且在 5 s 后仍未再向前移动。

(5)球到地上,冒尔演变成了拉克状态。

(6)球员从全队队员最后一只脚的位置加入冒尔。

(7)使冒尔故意倒塌。

注意:

(1)只有扑搂状态才可以演变发展成拉克。

(2)拉克或冒尔的队员最后一只脚越过争边球出界线(line of touch),争边球才算结束。

(3)球一旦越过达阵线,就不再有司克兰、拉克和冒尔了。如果球没有迅速从拉克中出来,或者冒尔变成固结不动且 5 s 后仍未向前移动,裁判要告诉双方让球出来(use it),如球不能顺利浮现投入比赛,裁判要果断鸣哨。比赛中安全原则至高无上。并且裁判应记得随后的司克兰是哪方的投球权。

7.4.6 争边球(lineout)

(1)确认正确的投球方。

(2)争边球队列中双方前排球员可以协助保持 1 m 的间距。

(3)所有参与争边球的球员要退后 10 m。

(4)投球员在界外并在争边球队列中间,不可以偏离投球而给本队带来利益。

(5)防守方队员要站在距离争边球出界线和 5 m 线各 2 m 的位置,且不可干扰投球队员的投球。

(6)在裁判对争边球的阵列组建满意前,不要让球投进。

注意问题:

(1)应保障正确的争边球支撑,一名球员不能被抛至空中。

(2)球员过早跳过争边球出界线(line of touch),这是越位。

(3)投出争边球要飞越 5 m 线。

(4)拉克或冒尔中球员最后一只脚超过争边球出界线后,后锋线才可以越过 10 m 越位线。

(5)前锋应从后面加入随后可能形成的拉克或冒尔。

(6)没有加入拉克或冒尔的前锋不要越位。球员应知道争边球结束时间和不在争边球中的球员何时可以向前移动,准备好面对争边球的快投。

7.4.7　快捷投进(quick-throw)

(1)应使用原比赛中的球。

(2)球出界后除投球球员外没有被其他人碰触过。

(3)在正确的地点投球(球出界点到本方阵线之间)。

(4)球要越过 5 m 线。

(5)如果争边球阵列没有形成,双方各有 2 位球员排在球出界的争边球位置上,那么不再允许快发。

7.4.8　司克兰(scrum)

(1)司克兰判罚地点要正确,如距离边线及阵线 5 m。

(2)支柱和勾球手要相互夹扎。

(3)裁判喊"蹲下(crouch)"时,双方球员头部位置要靠近;喊"夹扎(binding)"时,支柱用外侧手抓住对方支柱的外肩或背部;喊"顶架(set)"时,双方开始顶架司克兰。

(4)避免裁判没喊开始,过早顶推。

(5)头部和肩部需要比臀部高。

(6)避免司克兰旋转超过 45°。

(7)避免顶推超过 1.5 m。

(8)避免传锋投球不直。

(9)避免对方传锋越位(以球为越位线),后锋没有后退 5 m。

(10)避免故意将球踢出通道。

(11)避免故意使司克兰崩溃。

第 8 章

青少年橄榄球项目考核与评价

8.1　各年龄组身体形态测试

8.1.1　测试内容

身高、体重、30 m 速度、立定跳远（或立定三级跳远）距离、骨盆宽、去脂体重、指尖间距、上肢长、下肢长、手足间距、小腿长、跟腱长、肩宽、髂宽、髋宽、胸宽、胸厚、颈围、上臂松紧围、胸围、臀围、大腿围、小腿围、踝围、手面积。

8.1.2　测试方法与标准

测试方法与标准详见本章第 2 节。

8.2　各年龄组身体素质测试

8.2.1　测验内容

关于身体素质的考核，对青少年橄榄球运动员而言，10～

40 m 的短冲加速能力、迅速灵敏的折返变向能力、反复加速和减速的无氧耐力以及身体激烈对抗的爆发力和爆发耐力等是需要重点测试的内容。各年龄组身体素质测试内容详见表 8-1。

表 8-1　各年龄组身体素质测试内容

类别	年龄		
	12 岁及以下	13～15 岁	16～19 岁
基础力量类	俯卧撑 引体向上 单腿深蹲 仰卧两头起 俯卧背起 俯卧腿起 八级腹桥	俯卧撑 引体向上 单腿深蹲 仰卧两头起 俯卧背起 俯卧腿起 八级腹桥 卧推	俯卧撑 引体向上 单腿深蹲 仰卧两头起 俯卧背起 俯卧腿起 八级腹桥 卧推 杠铃箱式深蹲
爆发力类	纵跳摸高 立定跳远 立定三级跳 前抛、后抛和侧抛实心球	纵跳摸高 立定跳远 立定三级跳 前抛、后抛和侧抛实心球 快速挺举 爆发式甩绳索药球	纵跳摸高 立定跳远 立定三级跳 前抛、后抛和侧抛实心球 快速挺举 爆发式甩绳索药球
速度类	10 m、20 m 冲刺 30 m、40 m 冲刺 半“米”字形移动	10 m、20 m 冲刺 30 m、40 m 冲刺 半“米”字形移动	10 m、20 m 冲刺 30 m、40 m 冲刺 半“米”字形移动

续表8-1

类别	年龄		
	12 岁及以下	13～15 岁	16～19 岁
耐力类	300 m 折返跑 2 400 m 场地跑	300 m 折返跑 2 400 m 场地跑	300 m 折返跑 2 400 m 场地跑
柔韧类	坐位体前屈 背触测试	坐位体前屈 背触测试	坐位体前屈 背触测试
灵敏协调类	六边形往返双足跳 3 圈 “T”形跑 伊利诺斯动作灵敏测试	六边形往返双足跳 3 圈 “T”形跑 伊利诺斯动作灵敏测试	六边形往返双足跳 3 圈 “T”形跑 伊利诺斯动作灵敏测试

8.2.2　测验方法

1. 俯卧撑(1 min)

动作要求：运动员双手支撑身体，双臂垂直于地面，两腿向身体后方伸展，依靠双手和双脚保持身体平衡，保持头、颈、背、臀和双腿在一条直线上。计算 1 min 完成次数。

2. 引体向上

动作要求：双手正握单杠，两臂伸直，身体悬垂，两小腿伸直或交叉，屈臂引体向上至下颚超过横杠为完成动作 1 次。

3. 单腿深蹲

动作要求：运动员左腿单腿支撑于台阶或凳子上，两手臂前伸或侧举维持身体平衡。单腿下蹲至髋低于膝即完成单腿深蹲一次，计算一次性完成动作的次数。同理，测试右腿单腿深蹲次数。

4. 仰卧两头起(1 min)

测验器材:垫子、秒表。

测试方法:在运动员的头部架一根高 60 cm 的横杆,运动员平躺在垫子上,手随意置于头部以上,听口令开始做两头起。要求头部必须高出横杆,否则不计数。两腿伸直绷脚尖,用双手尽可能触碰脚背部。计算 1 min 完成的次数。

5. 俯卧背起(30 s)

测试器材:垫子、秒表。

测试方法:在运动员的头部架起一根高 45 cm 的横杆,运动员俯卧于垫上,手置于背后,另一名队员将其腿部压住。听口令后开始做背起,要求头部必须高出横杆,否则不计数。计算 30 s 完成的次数。

6. 俯卧腿起(30 s)

测试器材:跳箱、垫子、秒表。

测试方法:运动员俯卧在铺有垫子的跳箱上,髋部处于跳箱一端,双手抓紧跳箱两侧间隙,两腿自然下垂。听口令后开始做双腿上举动作,要求双脚必须高出臀部,否则不计数。计算 30 s 完成次数。

7. 八级腹桥

测试器材:垫子、秒表。

测试方法:运动员肘撑于垫子上,脚底和上臂垂直于垫子,躯干和下肢保持一条直线。然后在测试者的口令和规定的时间内完成下述 8 个动作。

第一级:起始动作保持 1 min(1 分)。

第二级:在此基础上抬起右手向前平伸,保持 15 s(3 分)。

第三级:放下右手抬起左手,保持 15 s(5 分)。

第四级：放下左手，抬起右腿向后平伸，保持 15 s(6 分)。

第五级：放下右腿，向后平伸左腿，保持 15 s(10 分)。

第六级：保持左腿平伸，同时抬起右手，保持 15 s(15 分)。

第七级：放下左腿与右手，然后抬起左手与右腿，保持 15 s(25 分)。

第八级：回归起始动作保持 30 s(35 分)。

8. 卧推(1 min)

动作要求：头背部及臀部紧贴凳面，保持挺胸姿势，腰部拱起与凳间距离为可顺利平插一个手掌。握距略宽于肩，躯干不可以扭动，左右均衡用力，两臂同时伸展，横杆始终垂直于躯干，平行于地面。两脚不能蹬地借力，臀部和背部不能离开凳面(五点支撑)。计算 1 min 完成的次数。

重量分组：女子 16～19 岁年龄组，10～25 kg；男子 16～19 岁年龄组，20～30 kg。

9. 杠铃箱式深蹲(1 min)

测试器材：秒表、杠铃训练架、可调节高度的箱子。

测试方法：杠铃必须放在杠铃架上。受测队员肩负杠铃离开杠铃架后，要保持杠铃杆平衡置于肩背中部，挺胸展肩，两手自然握住杠铃杆，并用拇指锁住杠铃杆，两脚自然分开其宽度与身高成正比，用全脚掌着地，蹲下去坐到箱子上，使大腿与地面平行，再用力蹲起。计算 1 min 完成的次数。

重量分组：女子 16～19 岁年龄组，50～80 kg；男子 16～19 岁年龄组，80～120 kg。

10. 纵跳摸高

测试器材：纵跳摸高器。

测试方法：运动员原地纵跳，单手摸高(图 8-1)，每人测

图 8-1　纵跳摸高

试 2 次，取最好成绩。

11. 立定跳远、立定三级跳

测试器材：卷尺、宽胶带、沙坑。

测试方法：用胶带把卷尺粘在沙坑一侧，从卷尺零点起跳，每人测试 2 次，取最好成绩。

12. 前抛、后抛、侧抛实心球

测验器材：实心球、卷尺。

测试方法：运动员站在线后原地前抛、后抛或侧抛实心球，抛球时脚不可以踩线或过线。每人测试 2 次，取最好成绩。

13. 哑铃(杠铃)快速挺举(30 s)

动作要求：双手持哑铃(杠铃)于肩上，向斜上方快速挺举，肘关节必须伸直，挺举的同时双脚前后开立跳，计算 30 s 完成次数。

重量分组：女子 13～15 岁年龄组，2 kg 哑铃；16～19 岁年龄组，10～15 kg 杠铃。男子 13～15 岁年龄组，10～15 kg

杠铃;16～19 岁年龄组,15～20 kg 杠铃。

14. 爆发式甩绳索药球

测验器材:绳索药球、秒表。

测试方法:运动员背靠墙站立或半蹲,手持绳索药球的绳索,爆发式发力向两侧甩绳索药球,计 1 min 甩球的次数。

重量分组:女子 13～15 岁年龄组,2.72 kg 药球;16～19 岁年龄组,3.63 kg 药球。男子 13～15 岁年龄组,3.63 kg 药球;16～19 岁年龄组,4.54 kg 药球。

15. 10 m、20 m、30 m、40 m 加速跑

测试器材:秒表。

测试方法:站立式起跑,受试者在最短的时间内跑完全程,每人测试 1 次,分别计取跑完不同距离的时间。

16. 半“米”字形移动

测试器材:秒表、6 个锥形标志桶。锥形标志桶(简称标志桶)分别摆放在 6 个交点位置,连线成半“米”字形,见图 8-2。标志桶被推倒后要有专人摆放、扶正。

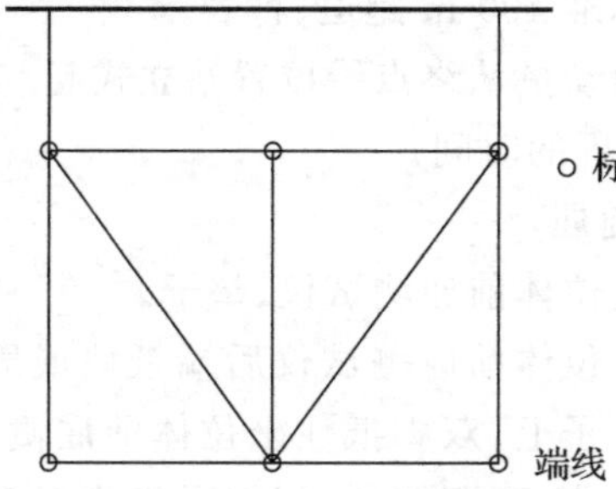

图 8-2　半“米”字形移动场地

测试方法：运动员推倒端线中点的标志桶启动计时，跑到端线与边线的右侧交叉点推倒标志桶，返回端线中点推倒标志桶；再跑到右前方交叉点推倒标志桶，返回端线中点推倒标志桶；再跑到正前方中点推倒标志桶，返回端线中点推倒标志桶；再跑到左前方交叉点推倒标志桶，返回中点推倒标志桶；再跑到端线与边线的左侧交叉点推倒标志桶，返回端线中点推倒标志桶，停止计时。要求标志桶必须推倒，未推倒返回重推。每人测 2 次，取最好成绩。

17. 300 m 折返跑

测试器材：空地 1 块、5 个锥形标志桶（相距 10 m）、秒表、皮尺。

测试方法：运动员从起始位置加速跑至第 1 个锥形标志桶（10 m），快速折返跑回起点；然后再快速折返跑至第 2 个锥形标志桶，然后再折返跑回起点。以此类推，计取跑完全程的时间。

18. 2 400 m 场地跑

测试器材：标准 400 m 跑道、秒表。

测试方法：运动员从终点线位置站立式起跑，逆时针跑完 6 圈，记录跑完全程的时间。

19. 坐位体前屈

测试器材：坐位体前屈测试仪、垫子。

测试方法：坐位体前屈测试仪后端抵墙或固定放在垫子上，运动员坐在垫子上，双脚抵住坐位体前屈测试仪的脚蹬，保持直膝，躯干弯曲，两臂前伸，用双手指尖触碰标尺直至最远端，计量触碰的距离。测试过程中，为保证测试者膝部伸直，可由同伴压住测试者膝部。每人测试 2 次，取最好成绩。

20. 背触测试

测试器材:皮尺。

测试方法:运动员站立,左手从腰间向上而右手从右肩向下伸展。左手掌心朝外,尽量沿着脊柱向上伸,右手掌心向内,尽量沿着脊柱向下伸。两中指能够重叠,则将重叠距离记为正数;若不能接触,测量两中指间垂直距离,并将数据记录为负数;如两中指刚好接触,则记为 0。每人测 2 次,左右手互换,取最好成绩。

21. 六边形往返双足跳 3 圈

测试器材:粉笔、秒表。

测试方法:如图 8-3 从六边形(边长 60 cm)中心出发,双足跳至边外,不能踩线,立即跳回中心点。接着跳出相邻的一边,共跳 3 圈,且不改变身体的朝向。每人计时测试 2 次,取最好成绩。

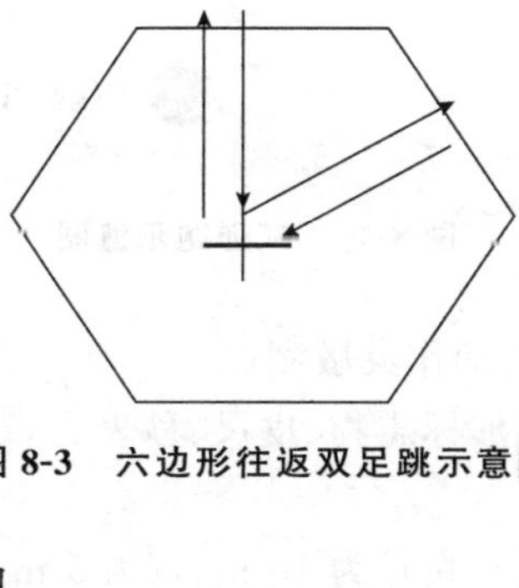

图 8-3　六边形往返双足跳示意图

22. "T"形跑

测试器材:锥形标志物、皮尺、秒表。

测试方法:运动员从 A 点加速跑至 B 点,制动左侧滑步至 C 点,然后由 C 点右侧滑步至 D 点;接着由 D 点左侧滑步至 B 点；然后再倒退跑至 A 点，一次练习结束，记录完成练习的时间。第二次练习类似第一次练习，只是到 B 点后右侧滑步至 D 点，然后由 D 点左侧滑步到 C 点，再由 C 点右侧滑步至 B 点，接着由 B 点倒退跑至 A 点(图 8-4)。

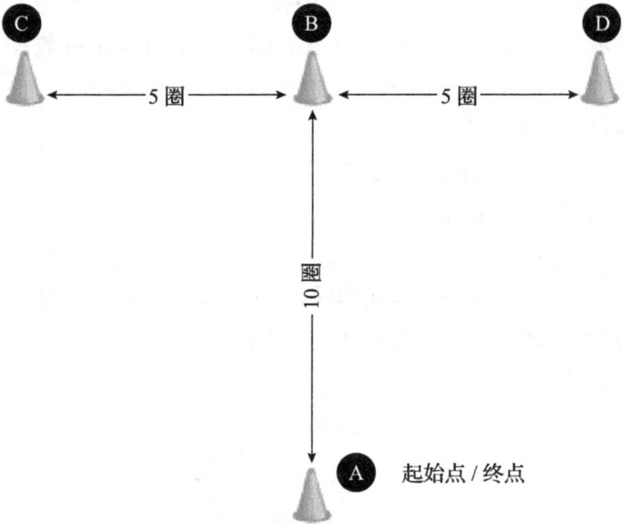

图 8-4 "T"形跑示意图

23. 伊利诺斯动作灵敏测试

测试器材：锥形标志物、皮尺、秒表。

测试方法：

(1)测试路线。在长为 10 m、宽为 5 m 的长方形区域内，在场地的中间竖直摆放 4 个锥形标志物，锥形标志物之间以及锥形标志物和端线之间的距离都是 3.3 m，按照图 8-5 的轨迹进行测试。

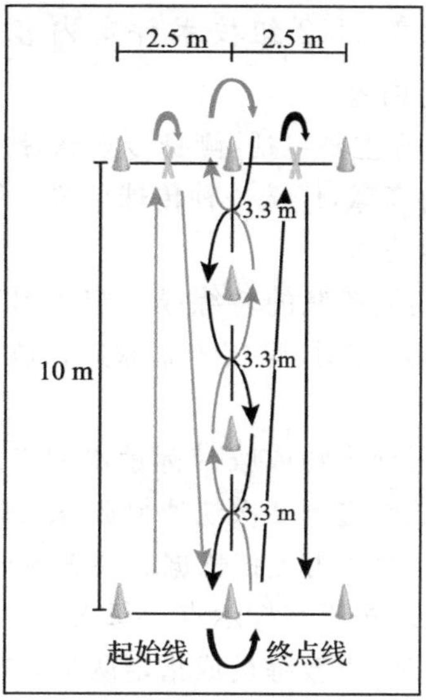

图 8-5　伊利诺斯动作灵敏测试示意图

(2)测试的实施。运动员听令后起跑，共测试 2 次，取最好成绩。

8.3　各年龄组基本技术评定

各年龄组基本技术评定不在全国青少年橄榄球比赛期间进行，而是作为定期评估考核(由专家组到各地体校、项目开展学校进行测评)的一项内容。各年龄段基本技术评定形式如下：

(1)U12 组，以 Touch Rugby 的形式进行考核。

(2)U16 组，以七人制橄榄球比赛的无对抗形式进行考核。

(3)U19 组，以七人制橄榄球比赛的形式进行考核。

8.3.1 少年U12组技术评定内容、方法与评分

1. 技术评定内容

技术评定内容主要包括：侧身传立球，捡放球，接一般（高度10 m左右）的高球，任选一种传球形式进行跑动传接球。

2. 技术评定方法

侧身传立球：测验队的教练或指定1名队员与测试者彼此相距5 m且侧身相对，互相传立球进行测试至裁判员令停为止。

捡放球：利用标志物或胶带标示出起点线、捡球点、放球点、终点线。测试者进行2次快速捡放球之后冲线，每个标示点间距5 m，以时间作为考核依据。要求测试者捡、放球的动作协调、规范，把球按压在标示点。每人测2次，取最好成绩。

接一般的高球：由教练员或指定队员向空中抛球（注意抛物线），大约10 m高度。测试者根据抛球情况随机调整身位并于胸前接球，进行3次接球考核。

跑动传接球：由教练员或指定队员协助，与参与者保持3 m以上间距，进行行进间传接球，至裁判员令停为止。

3. 评分方法

各项技评成绩均按技术评定扣分表换算计分。

传立球、捡放球、接高球、跑动传接球每项最高得分均为10分。其中，按各项技术的不同要领又分别定分。

（1）传立球。手型：基础得分为10分，减去应扣分，再乘以4.5为应得分。用力动作：基础得分为10分，减去应扣分，再乘以5.5为应得分。将两项应得分相加，即为传立球得分。

（2）捡放球。捡球时的身体姿势：基础得分为10分，减去应扣分，再乘以2.5为应得分。放球时的身体姿势：基础得分

为 10 分,减去应扣分,再乘以 2.5 为应得分。速度计时:基础得分为 10 分,减去应扣分,再乘以 2.5 为应得分。按压球的效果:基础得分为 10 分,减去应扣分,再乘以 2.5 为应得分。将四项应得分相加,即为捡放球得分。

(3)接高球。判断移动:基础得分为 10 分,减去应扣分,再乘以 3.5 为应得分。接球手型:基础得分为 10 分,减去应扣分,再乘以 3 为应得分。协调动作:基础得分为 10 分,减去应扣分,再乘以 3.5 为应得分。将三项应得分相加,即为接高球得分。

(4)跑动传接球。跑动速度:基础得分为 10 分,减去应扣分,再乘以 2.5 为应得分。手型:基础得分为 10 分,减去应扣分,再乘以 2.5 为应得分。动作规范、协调:基础得分为 10 分,减去应扣分,再乘以 2.5 为应得分。脚步节奏:基础得分为 10 分,减去应扣分,再乘以 2.5 为应得分。将四项应得分相加,即为跑动传接球得分。

以上四项技术评定得分的平均分为 U12 年龄组个人基本技术评定考核的最终得分。

技术评定扣分表见表 8-2 至表 8-5。

表 8-2 传立球扣分表

项目	扣分标准	扣分
手型	双手捧握住球肚	1～2
	双手手指未自然分开,掌心贴紧球	2～3
	双手捧握住球的上 1/2 部位	3～4
	双手捧握球的拇指太接近	4～5
	双手把握住两球尖	5～8

续表8-2

项目	扣分标准	扣分
用力动作	双手虎口未转向传球方向	1～2
	出现长短手现象	2～3
	双手分开,未指向传球方向	2～3
	双臂紧贴身体	3～4
	动作生硬、不协调	3～4
	没有降低重心	1～2
	没有蹬转发力	1～2

表 8-3　捡放球扣分表

项目	扣分标准	扣分
捡球时的身体姿势	臀部高于头部	2～3
	双脚横跨(脚尖没有朝向进攻方向)	3～4
	球没有在前脚脚后跟位置	1～2
	双手于身体外侧捡球	4～5
放球时的身体姿势	腿部高于头部	2～3
	双脚横跨	3～4
	球没有在前脚脚后跟位置	1～2
	双手于身体外侧捡球	4～5
捡球和按压球的效果	掉球	2～4
	球在地上滚动 10～20 cm	1
	球在地上滚动 20～30 cm	2
	球在地上滚动 30～40 cm	3
	球在地上滚动 40 cm 以上	5

表 8-4　接高球扣分表

项目	扣分标准	扣分
判断移动	球掉在身前地上	2～3
	球掉在身后地上	4～5
	球掉在身左地上	2～3
	球掉在身右地上	2～3
接球手型	单手接球	3～4
	双手高度一样	1～2
	双肘紧贴在两侧肋骨	3～4
	双手握拳	4～5
	双臂没有形成“摇篮”状	3～4
协调动作	直腿接球	2～3
	无后仰接球	1～2
	双腿平行接球	1～2
	掉球	3～4

表 8-5　跑动传接球扣分表

项目	扣分标准	扣分
跑动速度	慢跑中传球	3～4
	中速跑传球	2～3
	没有跑直线	1～2
手型	传球时撑胳膊肘	1～2
	传球夹大臂	1～2

续表8-5

项目	扣分标准	扣分
手型	传球后长短手	2～3
	传球后双手交叉或上下分开太大	2～3
动作规范、协调	后仰传球	2～3
	传球后人球分离	2～3
	高重心传球	1～2
	动作生硬、不协调	3～4
脚步节奏	脚步没有节奏的变化	1～2

8.3.2 青少年U16组技术评定内容、方法与评分

1. 技术评定内容

技术评定内容包括：传旋转球、接高球、扫地式传球、无对抗七人制橄榄球比赛等。

2. 技术评定方法

(1)传旋转球

场地及测试器材：15 m宽的平坦场地（天然草或人造草）、卷尺、橄榄球、标志物。

测试方法：由教练员或指定的队员协助测试，两人相对站立并相距15 m，其中一人手持橄榄球。测试者位于两名协助测试员中间，拉开纵深和距离，加速纵深接球，待测试者接到球并与外侧接球人几乎相对时，改变节奏、低重心传球给接球人。在2个标志物之间（每个标志物距中间点8 m）往返传接球，通常6次传接球后结束或裁判令停止。传旋转球见图8-6。

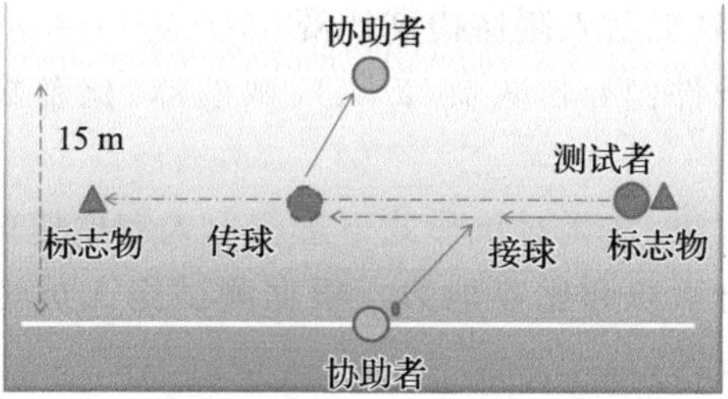

图 8-6　传旋转球

(2)接高球

场地及测试器材:平坦的运动场、橄榄球。

测试方法:由教练员或指定一名队员,在一定区域的平坦运动场内,协助踢球至 20～30 m,测试者通过判断、移动并胸前接球。每人进行 3 次接高球测试。

(3)扫地式传球

测试器材:橄榄球 5 枚,标志物 6 个。

测试方法:教练员或指定队员站在远端接球的交汇点,测试者把 5 枚橄榄球依次扫地式传递至交汇点。每人测试 2 组。标志物间距 2 m,沿 60°角的虚构线排列。扫地式传球详见图 8-7。

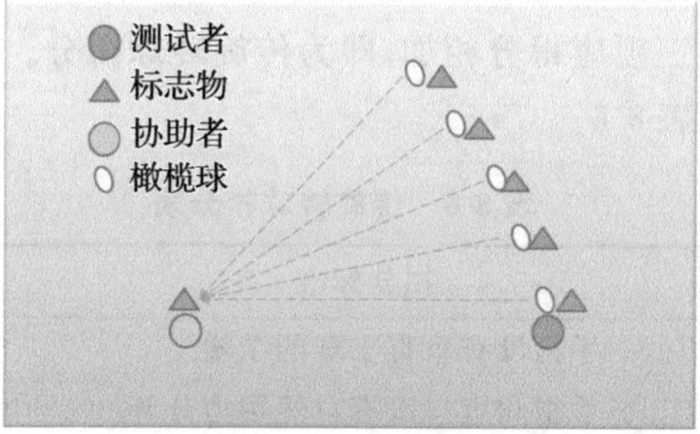

图 8-7　扫地式传球

(4)无对抗七人制橄榄球比赛

测试条件:14 名队员(2 队)、橄榄球、比赛场地、裁判 1 名、哨子。

测试方法:在无对抗形式下进行七人制橄榄球比赛,测试队员的综合素质和比赛能力。根据测试组人员情况,可进行多人同时技评。

3. 评分方法

各项技评成绩均按技术评定扣分表换算计分。

传旋转球、接高球、扫地式传球、无对抗七人制橄榄球比赛的每项最高得分均为 100 分。其中,按各项技术的不同要领又分别制定相应的扣分标准。

(1)传旋转球

手型:基础得分为 10 分,减去应扣分,再乘以 3 为应得分。

用力动作:基础得分为 10 分,减去应扣分,再乘以 3.5 为应得分。

脚步节奏变化:基础得分为 10 分,减去应扣分,再乘以 3.5 为应得分。

将以上三项应得分相加,即为传旋转球得分。传旋转球扣分情况详见表 8-6。

表 8-6 传旋转球扣分表

项目	扣分标准	扣分
手型	手指没有垂直于球的纵轴	2～3
	手指和虎口没有自然用力分开	1～2
	球尖没有指向接球目标	1～2

续表8-6

项目	扣分标准	扣分
用力动作	持球距离身体太近	2～3
	抬胳膊肘传球	1～2
	夹胳膊肘传球	1～2
	身体没有转动,出现长短手	2～3
	传球后双手交叉或上下分开太多	1～2
	传球不到位	1
脚步节奏	速度太慢	2～3
	没有节奏变化	2～3
	没有碎步传球	1～2
	高重心传球	1～2
	没有跑直线传球	1～2

(2)接高球

判断移动:基础得分为 10 分,减去应扣分,再乘以 3 为应得分。

接球手型:基础得分为 10 分,减去应扣分,再乘以 3.5 为应得分。

协调动作:基础得分为 10 分,减去应扣分,再乘以 3.5 为应得分。

将以上三项应得分相加,即为接高球得分。接高球扣分情况详见表 8-7。

表 8-7　接高球扣分表

项目	扣分标准	扣分
判断移动	球掉在身前地上	2～3
	球掉在身后地上	4～5
	球掉在身左地上	2～3
	球掉在身右地上	2～3
接球手型	单手接球	3～4
	双手一样高	1～2
	双肘紧贴在两侧肋骨	3～4
	双手握拳	4～5
	双臂没有形成"摇篮"状	3～4
协调动作	直腿接球	2～3
	无后仰接球	1～2
	双腿平行接球	1～2
	掉球	3～4

(3)扫地式传球

手型:基础得分为 10 分,减去应扣分,再乘以 2.5 为应得分。

身型:基础得分为 10 分,减去应扣分,再乘以 2.5 为应得分。

发力动作:基础得分为 10 分,减去应扣分,再乘以 2.5 为应得分。

准确度、力度：基础得分为 10 分，减去应扣分，再乘以 2.5 为应得分。

将以上四项应得分相加，即为扫地式传球得分。扫地式传球扣分情况详见表 8-8。

表 8-8　扫地式传球扣分表

项目	扣分标准	扣分
手型	手指没有垂直于球的纵轴	2～3
	手指和虎口没有自然用力分开	1～2
	球尖没有指向接球目标	1～2
身型	双腿开立太窄	1～2
	持球时，臀部高于头部	2～3
	没有观察接球人位置	2～3
发力动作	重心没有前移跟随球	2～3
	没有蹬转发力传球	2～3
	传球动作不协调	3～4
准确度、力度	球速和转速不合格	1～2
	传球过高	1
	传球过前	1
	传球到身后	2
	传球到地上	3

(4)无对抗七人制橄榄球比赛

位置技术:基础得分为 10 分,减去应扣分,再乘以 3 为应得分。

规则理解度:基础得分为 10 分,减去应扣分,再乘以 3.5 为应得分。

比赛能力:基础得分为 10 分,减去应扣分,再乘以 3.5 为应得分。

将以上三项应得分相加,即为扫地式传球得分。无对抗七人制橄榄球比赛扣分情况详见表 8-9。

表 8-9 无对抗七人制橄榄球比赛扣分表

项目	扣分标准	扣分
位置技术	掌握情况一般,出现失误	2
规则理解度	对裁判判罚反应慢	2
	比赛中选位不清	2
	越位	2
比赛能力	个人持球进攻中的传球和动作能力	裁判综合评分
	无球状态时的合理选位和协作配合	
	正、乱集团的动作姿势和随机变化	
	防守时的一对一防守能力和协防能力	

以上四项技术评定得分的平均分为 U16 年龄组个人基本技术评定考核的最终得分。

U19 年龄组技术评定方法、内容与评分参照少年 U16 年龄组进行。

8.4　各年龄组比赛成绩评分方法

比赛总名次由身体素质测试成绩和橄榄球比赛成绩共同决定。其中,身体素质测试中的立定三级跳远、30 m 跑为必测项目,另由国家体育总局小球中心中国橄榄球协会指定1～2 项内容测试。

比赛总名次计算方法:身体素质测试成绩占 30%,橄榄球比赛成绩占 70%。

按照竞赛规程规定报名参赛的运动员可进行比赛成绩考核。获得比赛名次的运动队的主力队员(6～7 名)对照表 8-10 查出应得分数;替补队员按主力队员得分的 50%～70%计算。

表 8-10　参加全国及省(自治区、直辖市、特别行政区)比赛成绩得分表

名次	全国比赛得分	省(自治区、直辖市、特别行政区)比赛得分
一	100	80
二	95	75
三	90	70
四	85	65
五	80	60
六	75	55
七	70	50
八	65	45

续表8-10

名次	全国比赛得分	省（自治区、直辖市、特别行政区）比赛得分
九	60	40
十	55	35
十一	50	30
十二	45	25
十三	40	20
十四	35	15
十五	30	10
十六	25	5

8.5 各年龄组运动员综合评价

8.5.1 综合评价内容

综合评价内容包括身体素质测试、基本技术评定、比赛成绩三项内容。

8.5.2 综合评价方法

上述三项个人考核得分之和为基础分，分别乘以不同年龄组的权重，将三项得分相加即为综合评价得分。

8.5.3 综合评价标准

85～100 分为优秀；70～85 分为良好；60～70 分为中等；50～60 分为及格。运动员个人综合评价考核得分表详见表 8-11。

表 8-11　运动员个人综合评价考核得分表

项目 组别	身体素质测试			基本技术评定			全国及省（自治区、直辖市、特别行政区）比赛			综合评价考核得分	备注
	考核基础分	百分比	得分	考核基础分	百分比	得分	考核基础分	百分比	得分		
U12		40%			60%						未参赛
		30%			30%			40%			未参赛
U16		30%			20%			50%			
U19		20%			10%			70%			